Début d'une série de documents
en couleur

L'ORDONNANCE

DES

CHEVALIERS HOSPITALIERS

DE

SAINT-JEAN DE JÉRUSALEM

(MALTE)

DESCRIPTION DE L'UNIFORME ET DES INSIGNES

DE CHAQUE GRADE

PAR

Le Baron de MONTAGNAC

DÉLÉGUÉ DU GRAND-MAGISTÈRE EN FRANCE

PARIS

TYPOGRAPHIE DE E. PLON, NOURRIT et Cie

RUE GARANCIÈRE, 8

1893

Fin d'une série de documents
én couleur

L'ORDONNANCE

DES

CHEVALIERS HOSPITALIERS

DE

SAINT-JEAN DE JÉRUSALEM

(MALTE)

PARIS

TYPOGRAPHIE DE P. PLON, NOURRIT ET Cie

Rue Garancière, 8.

GRAND MAITRE LXXIX 1879

Fra J.B. Ceschi a S.ta Croce

L'ORDONNANCE

DES

CHEVALIERS HOSPITALIERS

DE

SAINT-JEAN DE JÉRUSALEM

(MALTE)

DE CHAQUE GRADE

PAR

MON A NAI

DÉLÉGUÉ DU GRAND-MAGISTÈRE EN FRANCE

PARIS

TYPOGRAPHIE DE E. PLON, NOURRIT et Cⁱᵉ

RUE GARANCIÈRE, 8

1893

A

Son Altesse Éminentissime

Mgr le Prince CESCHI A SANTA-CROCE

Grand-Maître

de l'ORDRE DE SAINT-JEAN DE JÉRUSALEM

(Malte)

MONSEIGNEUR,

En Vous dédiant ce petit volume qui ne saurait avoir la prétention d'être un livre, j'espère que Votre Altesse Éminentissime daignera l'accueillir avec la bienveillante indulgence dont Elle m'a déjà donné tant et de si précieux gages.

Je devais au Vénéré chef de notre Saint Ordre l'hommage d'un recueil publié avec Son approbation, et d'après les documents que la Chancellerie du Grand-Magistère a bien voulu mettre à ma disposition.

C'est grâce à Vous, Monseigneur, c'est grâce à la prudence et à la sagesse de Votre gouvernement, que l'ancien Ordre de Malte a reconquis, de nos jours, sa place au premier rang des grands Ordres de Chevalerie.

Certes, en d'autres temps, ses richesses furent plus considérables, et son rôle plus important, alors que la souveraineté territoriale lui donnait les moyens de défendre, sur terre et sur mer, les intérêts de la chrétienté et de la civilisation. Mais si, après de nombreuses vicissitudes, il lui a fallu renoncer, momentanément du moins, à son rôle militaire, il est redevenu ce qu'il était à l'origine : un Ordre charitable, hospitalier.

La charité dans les hôpitaux, la charité sur les champs de bataille, la charité partout et sous toutes ses formes, tel est aujourd'hui son but.

Il ne pouvait en poursuivre de plus honorable et de plus digne de son passé ; aussi, en aucun temps, ses membres ne furent plus nombreux ; à aucune époque, ils ne représentèrent mieux l'élite de la noblesse européenne.

Jamais, par suite, les insignes et l'uniforme de l'Ordre ne furent plus et mieux portés.

Il m'a donc semblé qu'en présence de la faveur croissante dont ils jouissent, il ne serait pas sans intérêt de les mettre à l'abri de toute fantaisie antiréglementaire, et j'ai pensé que la publication de :

« L'ordonnance des Chevaliers de Saint-Jean de Jérusalem »,

« Description de l'uniforme et des insignes de chaque grade »,

pourrait être utile non seulement aux membres de l'Ordre, mais encore à tous ceux qui aspirent à en faire partie.

C'est cet album que je me permets de déposer aux pieds de Votre Altesse Éminentissime, comme l'hommage du profond respect et de l'inaltérable dévouement avec lesquels j'ai l'honneur d'être,

  Prince,

   de Votre Altesse Éminentissime,

    le très humble et très obéissant serviteur,

      BARON DE MONTAGNAC.

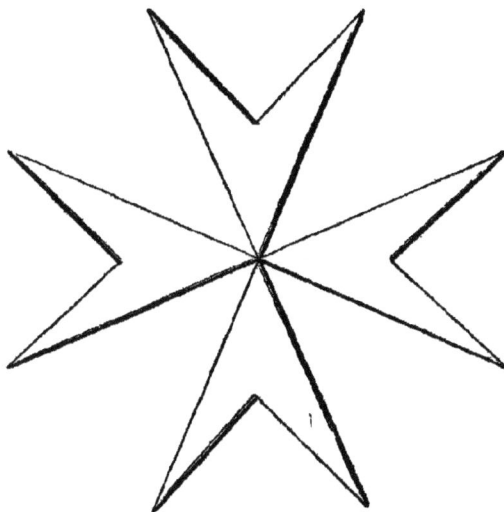

I

ÉTAT PRÉSENT DE L'ORDRE.

SES ŒUVRES CHARITABLES ET HOSPITALIÈRES.

Le dernier *Ruolo* publié par les soins du grand-magistère, en 1890, porte le nombre des membres de l'Ordre de Malte à près de 2,000, et cette liste renferme :

Cinq empereurs ou rois, trois impératrices, deux reines, six princes héritiers du trône, vingt princes ou princesses de maisons souveraines, dix cardinaux, près de cent ducs et princes, qui tous ont tenu à honneur de porter les insignes et l'habit du plus illustre et du plus ancien des Ordres de chevalerie.

Il en résulte qu'aucun uniforme n'est plus justement considéré que le sien. Toutes les portes s'ouvrent devant lui, même celles dont une étiquette rigoureuse rend, d'ordinaire, l'accès le plus difficile.

Cette situation exceptionnelle tient en grande partie à la façon dont se recrutent les chevaliers et aux garanties dont sont entourées toutes les admissions.

Depuis le commencement du douzième siècle, l'Ordre de Saint-Jean de Jérusalem a toujours été une institution charitable et un Ordre nobiliaire. Telles sont encore, à la fin du dix-neuvième siècle, les deux conditions essentielles, fondamentales de son existence.

Il ne peut renoncer ni à l'une ni à l'autre.

Sit ut est, aut non sit.

*

Une étrange information fit, à différentes reprises, le tour de la presse européenne, bien que son invraisemblance eût pu suffire à en démontrer la fausseté.

« Les statuts de l'Ordre de Malte, affirmait-on, étaient sur le point « de subir des modifications importantes. — D'accord avec le Saint- « Siège, le Souverain-Magistère aurait pris le parti de renoncer, pour « l'avenir, aux preuves de noblesse exigées jusqu'ici. »

L'Ordre ne jugea pas nécessaire d'opposer un démenti officiel à ce bruit qui ne reposait sur rien, et préféra laisser au bon sens du public le soin d'en faire justice.

Quant à ses membres, aucun d'eux n'avait pu s'en émouvoir; ils savent trop bien que, sur ce point du moins, les anciens statuts sont à l'abri de toute atteinte.

*

Depuis que S. S. le pape Léon XIII, désireux de donner un témoi-

gnage éclatant de l'intérêt qu'Il porte à l'Ordre de Malte, a rétabli la
dignité de grand-maître (bref du 28 mars 1879), l'Ordre est gouverné
par S. A. Éminentissime et Sérénissime le prince Ceschi a Santa-
Croce, grand-maître (1), assisté d'un conseil de cinq membres, qui se
compose actuellement de :

1° Le V. Bailli, Fr. Alessandro Capranica, délégué du grand-prieuré
de Rome.

2° Le commandeur Fr. Galeazzo Thun-Hohenstein, délégué du
grand-prieuré de Bohême.

3° Le chevalier Fr. Federico di Serego Allighieri, délégué du grand-
prieuré lombard-vénitien.

4° Le commandeur Fr. Friderigo Gagliardi, délégué du grand-
prieuré des Deux-Siciles.

5° Le chevalier Antonio da Mosto, chancelier, secrétaire du conseil.

✳

Les fonctionnaires du grand-magistère sont beaucoup moins nombreux qu'ils n'étaient autrefois.

Il n'y en a plus que six :

1° Le lieutenant du grand-chancelier :
Commandeur Fr. Henri de Courson.

2° Le secrétaire du Commun trésor :
Commandeur Fr. Lorenzo Galleani d'Agliano.

(1) Le Prince grand-maître, qui appartient à la meilleure noblesse du Trentin, avait été
élu lieutenant du souverain magistère, le 14 février 1872, à la mort d'Alexandre Borgia.

3ª Le conservateur :

Fr. Carl Thun-Hohenstein.

4° Le secrétaire de la chancellerie magistrale :

Commandeur Fr. Laurenzo Galleani d'Agliano.

5° Le maître des cérémonies :

Chevalier Giacomo Pietramellara.

6ª Le secrétaire magistral :

Chevalier de Grâce-Mag. Hans-Carl de Zwehl.

∗

L'Église magistrale a pour dignitaires :

Le commissaire de l'Église :

Commandeur Fr. Lorenzo Galleani d'Agliano.

Trois chapelains conventuels :

Frère Giustino Adami;

Frère Alessandro Chiari;

Frère Giovanni-Battista de Montel.

Et le maître des cérémonies, honoraire, de S. A. Ém. le prince grand-maître :

Mgr Nazareno Marzolini, chapelain d'obédience magistrale.

∗

Enfin l'Ordre a, auprès du Saint-Siège, comme représentant et protecteur :

S. Ém. le cardinal R. Monaco la Valletta.

Et, auprès de S. M. I. et R. l'empereur d'Autriche-Hongrie :

Le comte Léopold Podstazky-Lichtenstein, G.-C. Bailli d'honneur

SCEAUX DES GRANDS-PRIEURÉS.

Grand-prieuré de Rome.

Grand-prieuré de Lombardie-Vénétie.

Grand-prieuré des Deux-Siciles.

LANGUE D'ALLEMAGNE.

Grand-prieuré de Bohême-Autriche.

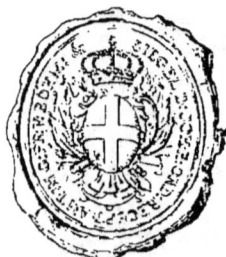

et de dévotion, envoyé extraordinaire et ministre plénipotentiaire.

En France, le baron de Montagnac, chevalier d'honneur et de dévotion, représente l'Ordre, comme délégué du grand-magistère.

*

Outre les quatre grands-prieurés de Rome, de Bohême-Autriche, de Lombardie-Vénétie et des Deux-Siciles, l'Ordre de Malte compte plusieurs associations qui sont, par rang d'ancienneté :

1° L'Association des chevaliers rhéno-westphaliens, présidée par le comte de Landsberg de Velen et Gemen, bailli, grand-croix d'honneur et de dévotion;

2° L'Association des chevaliers silésiens, présidée par le comte Praschma, bailli, grand-croix d'honneur et de dévotion;

3° L'Association des chevaliers anglais, présidée par le comte Ashburnham, pair d'Angleterre, bailli, grand-croix, H et D;

4° L'Association française, présidée par le duc de Sabran-Pontevès, bailli, grand-croix, H et D (1).

Enfin, depuis 1885, la langue de Castille et d'Aragon, qui avait été rattachée à la couronne d'Espagne, par décret de Charles IV, du 20 janvier 1802, est rentrée dans le giron de l'Ordre, en vertu d'un décret de S. M. le roi Alphonse XII.

L'Assemblée des chevaliers espagnols a pour président D. Ch. Em. Martinez de Irujo y Alcazar, marquis de Casa Irujo, Duca di Sotomayor, bailli grand-croix, H et D; elle compte plus de 300 membres.

S. M. la Reine régente est dame grand-croix de l'Ordre.

En dehors des Prieurés et des Associations régulières que je viens de citer, un certain nombre de chevaliers et de dames ont reçu la croix et ont été admis « *in gremio religionis* ».

(1) Dans les Archives du seul prieuré de Saint-Gilles, en Provence, figurent 43 Pontevès et 24 Sabran ayant fait leurs preuves pour l'Ordre de Malte.

✳

Prieurés et Associations consacrent leur activité et la plus grande partie de leurs ressources à des œuvres de charité.

Au nombre des principales fondations humanitaires de l'Ordre, je citerai, en première ligne :

L'hôpital de Tantur, entre Jérusalem et Bethléem, dans lequel, depuis 1876, plus de 130,000 malades ou blessés, chrétiens ou musulmans, ont reçu des soins de tous genres.

Puis, en *Italie*, l'Association pour les secours aux blessés, en temps de guerre, présidée par le prince D. Mario Chigi, bailli grand-croix d'honneur et de dévotion, et qui a des dépôts de matériel et des délégués sur tous les points principaux de la Péninsule.

L'hôpital du grand-prieuré lombard-vénitien, à Milan, dirigé par le commandeur Fr. Flaminio Ghisalberti.

L'hôpital du grand-prieuré des Deux-Siciles, à Naples, dirigé par le commandeur Fr. Alfonso Codignac.

En Autriche : L'Association pour les secours aux blessés, en temps de guerre, du grand-prieuré de Bohême, dirigée par le commandeur François-Joseph Hardegg de Glatz, et, au point de vue du service sanitaire, par le docteur baron Mundy, chevalier de grâce magistrale, dont on n'a pas oublié, en France, le zèle intelligent pour nos blessés de 1870.

En Allemagne : L'Association pour les secours aux blessés, des chevaliers westphaliens, présidée par le comte Clément Droste-Vischering, chevalier d'honneur et de dévotion.

L'Association des chevaliers silésiens, présidée par le comte Frédéric-Guillaume Praschma, bailli grand-croix, qui est la plus riche. — En dehors de son organisation, très complète, pour le service sanitaire sur les champs de bataille, elle possède plusieurs hôpitaux modèles .

L'hôpital de Nieder-Kunzendorf, dirigé par le comte Victor Matuschka, chevalier d'honneur et de dévotion.

L'hôpital du couvent de Trebnitz, dirigé par le comte Frédéric Stolberg-Stolberg, chevalier d'honneur et de dévotion.

L'hôpital de Rybnik, dirigé par le comte Charles Saurma-Ieltsch, chevalier d'honneur et de dévotion.

L'hôpital des enfants de Sainte-Anne, à Breslau, dirigé par le comte François Ballestrem.

L'hôpital de Friedland, dans la Haute-Silésie, dirigé par le comte Frédéric Sierstorpff.

En Angleterre : L'Association des chevaliers possède un hôpital et une fort jolie chapelle.

Enfin, *en France*, le comité, nommé par les membres français de l'Ordre, poursuit, avec activité, le but que définit, en ces termes, l'article II des statuts de l'Association :

« L'Association, se tenant rigoureusement en dehors de la politique, a pour but exclusif de se consacrer :

En temps de paix, — à des œuvres d'assistance hospitalière et de charité.

Elle s'efforce, dans la limite de ses ressources, de fonder, d'entretenir, de diriger des hôpitaux ou des dispensaires pour les malades et les blessés.

En temps de guerre, — aux soins des victimes des combats, suivant conventions à intervenir avec le département de la guerre et la Société de secours aux blessés des Armées de Terre et de Mer (Croix-Rouge Française).

Selon que ses ressources le lui permettent et autant que possible, elle met à la disposition de ce Département et de cette Société une ou plusieurs ambulances avec le personnel nécessaire pour en assurer le fonctionnement. »

Timbre sec du grand-magistère.

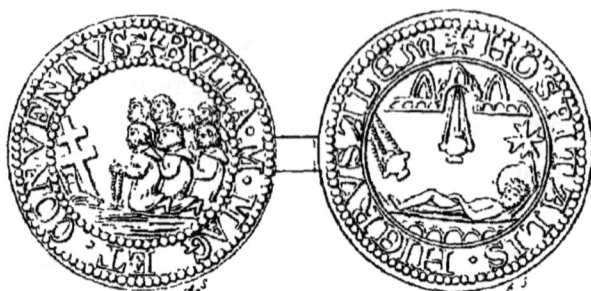

II

DES DIFFÉRENTS GRADES DE L'ORDRE
CONDITIONS A REMPLIR POUR Y ÊTRE ADMIS.

L'article 2 du titre second des anciens statuts de l'Ordre de Saint-Jean de Jérusalem intitulé :

« De la division des grades ou des qualités, des Frères de notre Ordre », était ainsi conçu :

« Il y a trois grades ou qualités de nos Frères; car les uns sont chevaliers, les autres prêtres et les derniers frères servants. — De plus, l'Ordre des prêtres et des servants se divise en deux, à savoir : celui des prêtres, en conventuels et d'obédience, et celui des servants, en servants d'armes, — c'est-à-dire qui sont reçus au couvent — et en ces autres qu'on appelle servants d'office. »

Les chevaliers devaient faire des preuves de noblesse; quant aux chapelains et aux servants d'armes, il n'était pas nécessaire qu'ils fussent nobles de race, mais issus de *parents honorables* et *gens de bien.*

Plus tard, cependant, on « rechercha que les servants d'armes ou donats soient nés de parents nobles : *parentes* s'entendant dans le sens du père et de la mère et non des autres devanciers, pour ce qu'en la preuve de ceux-ci ne sont point requises de si grandes circonstances qu'en celle des chevaliers (1). »

Cette classification générale n'a pas cessé d'être exacte; il suffit de la compléter.

Les chevaliers et, comme eux, les chapelains et les servants d'armes se divisent en deux catégories :

Ceux qui font des vœux et ceux qui n'en font pas; — les profès et les non-profès.

La première catégorie comprend :

Les baillis grands-prieurs,

Les baillis profès,

Les commandeurs profès,

Les chevaliers profès,

Les chevaliers de justice,

Les chapelains conventuels,

Les chapelains d'obligation magistrale,

Les chapelains d'obédience.

Dans cette première catégorie, il faut encore ranger :

Les donats de justice qui ne prononcent pas de vœux, mais prennent seulement un engagement d'obéissance vis-à-vis de leurs supérieurs dans l'Ordre.

---

(1) BEAUDOIN, *Les anciens statuts de l'Ordre de Saint-Jean de Jérusalem*, page 10, note D.

✱

La seconde catégorie comprend :

Les baillis grands-croix d'honneur et de dévotion,

Les chevaliers d'honneur et de dévotion,

Les chevaliers de grâce magistrale,

Les ecclésiastiques décorés de la Croix d'or « *pro piis meritis* »,

Enfin les donats de première classe et les donats de deuxième classe.

Pour chacune de ces deux catégories, pour chaque grade dans chacune d'elles, la forme de la croix ou la façon de la porter, les ornements de l'uniforme et la couleur des revers varient suivant le grade, de telle sorte qu'à première vue, il est aussi facile de distinguer un chevalier profès d'un chevalier d'honneur et de dévotion et celui-ci d'un chevalier de grâce magistrale ou d'un donat, que de distinguer, dans l'armée, un général d'un colonel ou un colonel d'un lieutenant.

Comme pour les uniformes militaires, tout a été prévu, réglé minutieusement pour l'uniforme de Malte, et personne ne peut se croire autorisé à y ajouter la moindre fantaisie, à y apporter la moindre modification.

La façon même de porter les armoiries a été précisée pour chaque grade. (Voir à la page suivante.)

Chacun doit se conformer à la règle; c'est pour rendre impossible toute excuse d'ignorance que cet album est publié.

Quiconque, dans l'avenir, ne s'en tiendrait pas aux insignes et à l'uniforme de son grade, serait impardonnable et presque aussi coupable que ceux qui se permettraient de se parer de notre croix et de notre habit, sans y avoir droit.

BLASONS ET CHIFFRES,

TELS QU'ILS DOIVENT ÊTRE PORTÉS PAR LES DIFFÉRENTS MEMBRES DE L'ORDRE,

SUIVANT LE GRADE AUQUEL ILS APPARTIENNENT.

S. A. Ém. le prince grand-maître.

Grands-prieurs
Baillis profès.

Commandeurs
Chevaliers profès.

Chevaliers de
justice.

Chapelains conventuels et chapelains d'obédience.

Donats de justice.

Baillis grands-croix de dévotion ayant le droit de porter la croix de profession.

Baillis grands-croix de dévotion n'ayant pas le droit de porter la croix de profession

Chevaliers d'honneur et de dévotion.

Chevaliers de grâce magistrale.

Chapelains non profès ou prêtres décorés de la croix « *pro piis meritis* ».

Donats de 1re classe.

Donats de 2e classe.

*

Pour être admis, à un titre quelconque, dans l'Ordre de Saint-Jean de Jérusalem, il faut appartenir à la religion catholique.

Dès 1797, cependant, des dispenses spéciales furent accordées à la famille impériale de Russie, dont tous les membres reçurent la grand'croix, par l'entremise du comte de Litta, ministre de l'Ordre, à Saint-Pétersbourg (1).

C'est en vertu de dispenses pareilles que, de nos jours, S. M. l'empereur Alexandre III, LL. AA. II. le grand-duc Nicolas Césarevitch, le grand-duc Serge, le grand-duc Paul, de même que S. A. R. le prince de Galles, ont pu être nommés baillis grands-croix.

*

Tous ceux qui aspirent au grade de chevalier, chevalier profès ou chevalier de dévotion, doivent produire leurs preuves de noblesse, dans les lignes paternelle et maternelle, à l'aide de titres authentiques et de copies légalisées des actes de l'état civil : actes de naissance, contrats de mariage, actes de décès.

(1) Quand éclata l'orage qui faillit l'anéantir, l'Ordre de Malte dut son salut à l'intérêt que lui portait le Czar Paul Iᵉʳ.

Le puissant Empereur schismatique recueillit, dans ses États, les Chevaliers odieusement chassés de leur île, créa un Grand-Prieuré de Russie, accepta d'abord le titre de *Protecteur*, en 1797, puis celui de Grand-Maître, le 28 octobre de l'année suivante, et, jusqu'à la fin de son règne (1800), ne cessa de donner à l'Ordre des témoignages éclatants de sa bienveillante sympathie.

Modèle A.

Candidat

Côté paternel.   Côté maternel.

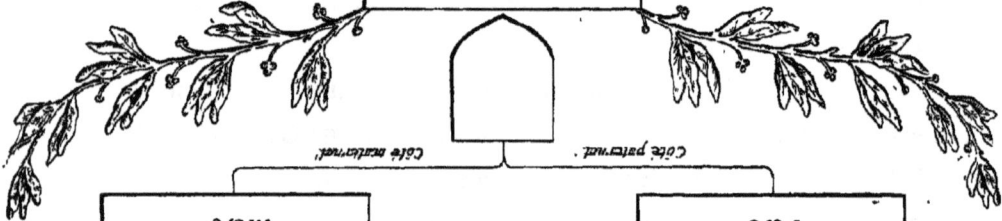

Père | Mère

Aïeul | Aïeule | Aïeul | Aïeule

Bisaïeul | Bisaïeule | Bisaïeul | Bisaïeule | Bisaïeul | Bisaïeule | Bisaïeul | Bisaïeule

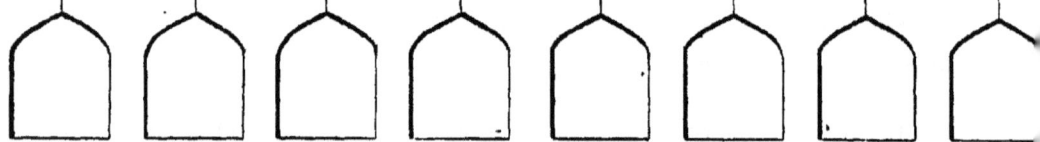

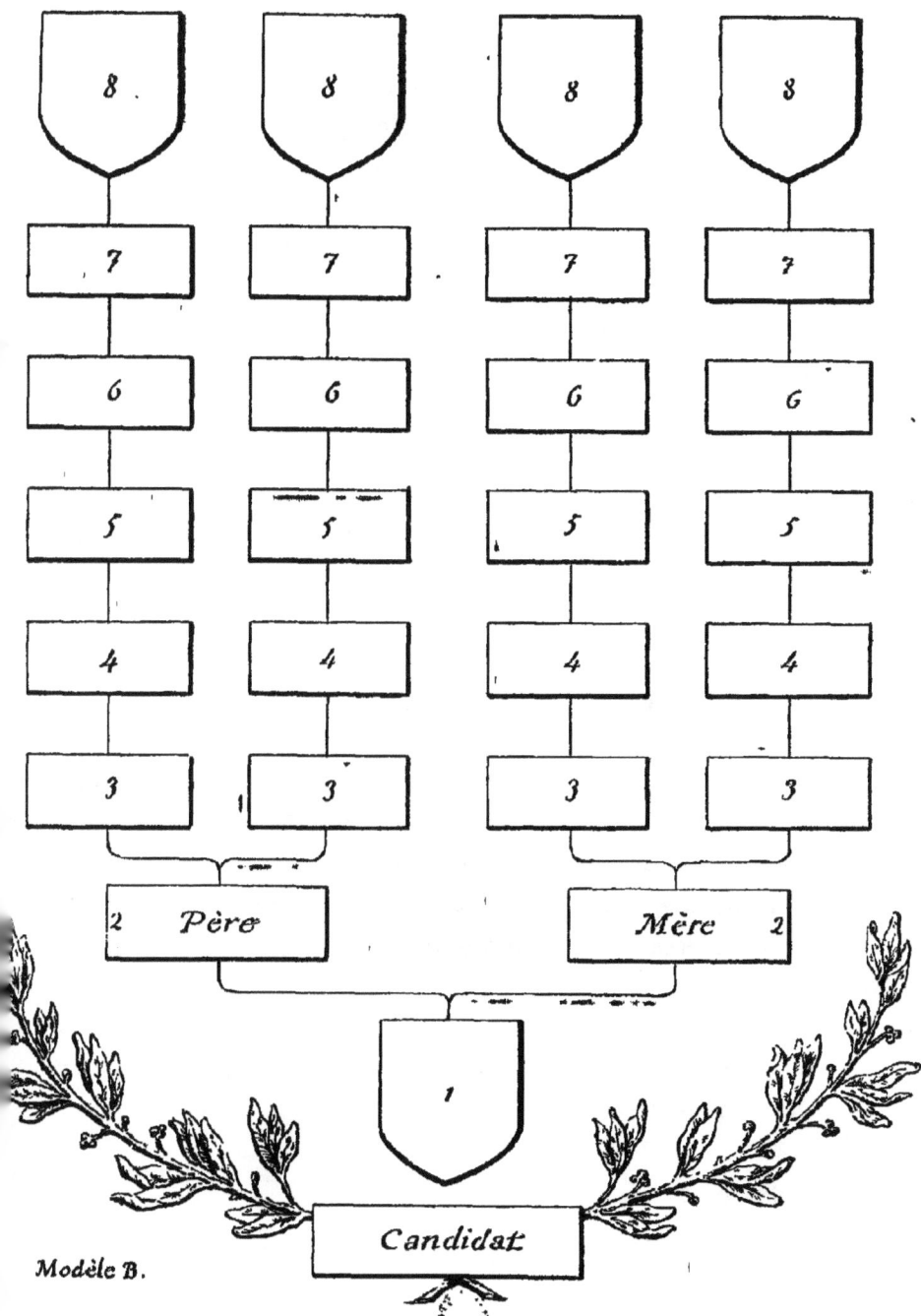

8	8	8	8
7	7	7	7
6	6	6	6
5	5	5	5
4	4	4	4
3	3	3	3

2 *Père* | *Mère* 2

1

Candidat

Modèle B.

Les preuves sont établies, soit suivant le modèle A qui présente huit quartiers de noblesse, blasonnés, pour les deux branches — (le prieuré de Bohême-Autriche exige seize quartiers dans les mêmes conditions), — soit, exceptionnellement, dans la forme dite italienne, par quatre quartiers, blasonnés, de noblesse généreuse, de deux cents ans chacun ; modèle B (1).

Tous les tableaux généalogiques doivent être signés par quatre chevaliers et porter l'attestation suivante :

« Les soussignés affirment que M... est le descendant direct des familles nobles ci-dessus mentionnées et remplit, personnellement, toutes les qualités requises pour être admis, dans l'Ordre de Malte, au titre de chevalier d'honneur et de dévotion, etc. »

*

Lorsque des candidats, — appartenant à des familles d'ancienne noblesse, et pouvant rendre à l'Ordre d'importants services, — éprouvent quelques difficultés à faire leurs preuves au complet, l'autorité du grand-maître peut, par *mesure exceptionnelle*, et toujours assez rare, suppléer aux lacunes existantes et créer des chevaliers dits *de grâce magistrale*, dont les insignes et l'uniforme, ainsi qu'on le verra plus loin, diffèrent sensiblement de ceux des chevaliers d'honneur et de dévotion.

Ces candidats n'en sont pas moins tenus de fournir leurs preuves de noblesse dans les mêmes conditions que les candidats à la Croix d'honneur et de dévotion.

(1) Voir pages 18 et 29.

Le parrainage de quatre Chevaliers leur est aussi indispensable. Les parrains attestent, en ce cas, que la généalogie de l'aspirant est exacte et qu'il remplit, personnellement, toutes les qualités requises pour être admis, dans l'Ordre, au titre de Chevalier *de Grâce-Magistrale*.

Voici, comme exemple, un tableau généalogique présentant, dans la

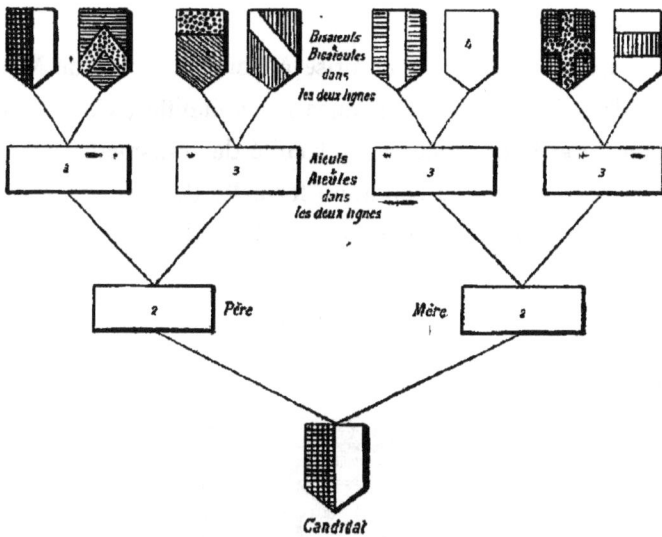

branche maternelle, une lacune, ce qu'en langage familier on appelle *un trou*.

Les donats de justice et les donats de première classe sont tenus de fournir leur acte de naissance, les actes de naissance et les contrats de mariage de leur père, de leur mère et de leurs deux grands-pères.

Quant aux donats de deuxième classe, ils n'ont aucune condition de naissance à remplir; on n'exige que leur parfaite honorabilité, et la croix leur est accordée, en général, comme récompense pour services rendus à l'Ordre.

Nul n'est admis dans l'Ordre s'il n'en fait la demande formelle adressée par écrit au grand-maître.

Il n'y a pas de formule spéciale pour cette demande. Le candidat se borne à solliciter son admission, à un titre quelconque, et s'engage, au cas où il serait admis, à donner son concours aux œuvres charitables de l'Ordre et à payer les droits statutaires de passage et de chancellerie.

Personne ne peut se croire autorisé à porter la croix de Malte en vertu d'un droit héréditaire. Quelques rares familles, cinq ou six au plus, en partie éteintes, reçurent la faculté de transmettre la croix à leur descendance, mais à la condition formelle de faire valoir ce droit et d'en obtenir la reconnaissance chaque fois qu'il s'agirait d'y recourir.

Sceau du grand-maître.

III

PROFÈS

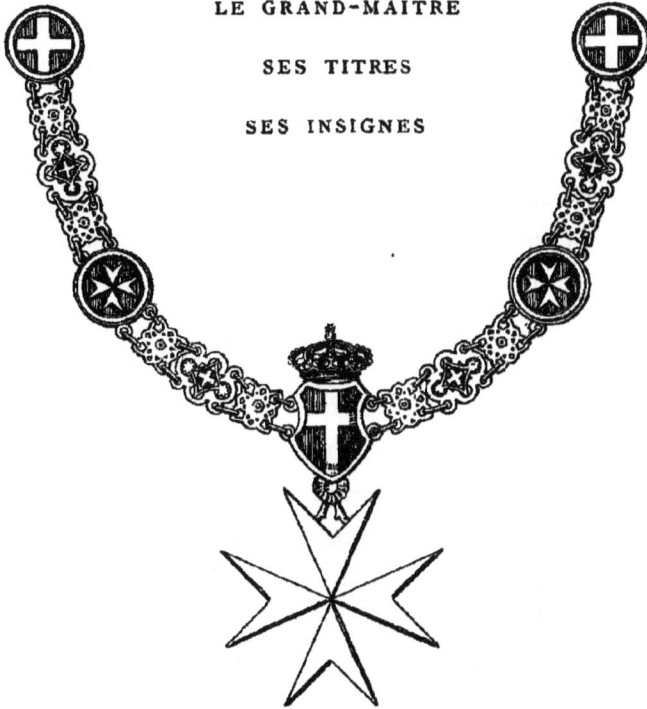

A la mort du grand-maître Tommasi, en 1805, on ne jugea pas opportun, dans les conditions spéciales où se trouvait l'Ordre, de nommer un nouveau grand-maître, et on prit le parti de confier le gouvernement de l'Ordre à un *lieutenant* du Magistère.

Cet état de choses se prolongea jusqu'en 1889, époque à laquelle S. S. le pape Léon XIII, ayant, de son propre mouvement, résolu de rétablir la grande-maîtrise, éleva à cette dignité le lieutenant du Magistère, Fr. J.-B. Ceschi a Santa-Croce, et restitua, pour l'avenir, à l'Ordre de Malte, la faculté d'élire son chef souverain, comme cela se passait autrefois. (Voir, à la fin du volume, la Bulle « Dilecte fili ».)

L'année suivante, 27 décembre 1880, le titre de prince fut relevé, en faveur du grand-maître, par décision de S. M. l'empereur d'Autriche-Hongrie, mais, en réalité, cette décision impériale ne faisait que confirmer un ancien droit.

Le titre et le rang de prince appartenaient aux grands-maîtres de l'Ordre de Malte, en vertu d'un diplôme du 20 mars 1607, de l'empereur Rodolphe II, confirmé par un second diplôme du 16 juillet 1620, de l'empereur Ferdinand II. Ces deux diplômes avaient été délivrés au grand-maître Alophe de Wignacourt, pour lui et ses successeurs.

Par bref pontifical du 12 juin 1888, S. S. le pape Léon XIII rétablit, *motu proprio*, pour le chef souverain de l'Ordre, les titres et les prérogatives des cardinaux. Ces prérogatives furent reconnues par une décision impériale de S. M. l'empereur François-Joseph Iᵉʳ, en date du 25 mars 1889, qui fixe, définitivement, le rang et la situation des princes grands-maîtres dans les différentes cours.

Son Altesse Éminentissime et Sérénissime le prince grand-maître de l'Ordre de Malte a rang de prince-souverain.

Il est, en outre, grand-maître de l'Ordre du Saint-Sépulcre.

En 1479, par suite d'une convention passée entre le grand-maître d'Aubusson et l'Ordre du Saint-Sépulcre, et en vertu de la bulle du pape Innocent VIII, du 5 avril 1489, l'Ordre du Saint-Sépulcre fut supprimé et incorporé à celui de Saint-Jean de Jérusalem (1). (Bosio, 1594. Vol. II, p. 314. Codice diplomatico, Pauli, 1757, p. 160.)

Depuis cette époque, les grands-maîtres de l'Ordre de Saint-Jean de Jérusalem ajoutèrent à leurs titres celui de « *Maître de l'Ordre du Saint-Sépulcre* ». Usage conservé, jusqu'à présent, dans les actes solennels, tels que les bulles de nomination, où le grand-maître s'intitule : « Frater N.... Dei gratiâ, sacræ domûs hospitalis sancti Johannis hierosolimitani et *militaris ordinis* sancti sepulcri dominici magister humilis et pauperum Jesu-Christi custos. »

(1) Bien que l'incorporation n'ait jamais été révoquée, le pape Alexandre VI et ses successeurs accordèrent au Frère gardien des Franciscains de Terre Sainte et du Mont-Sion la faculté de conférer la croix de l'Ordre du Saint-Sépulcre — (Torelli, Armamentarium Ord. equest., etc... 1758. Tom. II. Pars II. Discursus CXCIV), — faculté que le pape Pie IX, en rétablissant le patriarcat de Jérusalem, maintint au patriarche.

Pour éviter que l'Ordre de Malte ne soit confondu, — comme cela arrive quelquefois, — avec celui du Saint-Sépulcre, le grand-maître ne fait que rarement usage du titre de maître de l'Ordre du Saint-Sépulcre.

Médaille commémorative du rétablissement de la dignité de grand-maître.

IV

PROFÈS.

Aujourd'hui, comme autrefois, la plus haute dignité de l'Ordre après la dignité de grand-maître, est celle de vénérable grand-prieur bailli.

Comme l'indique leur titre, les grands-prieurs baillis sont placés à la tête des différents prieurés.

C'est ainsi que les quatre prieurés actuels ont pour chefs :

1° Le prieuré de Rome :

S. Ém. le vénérable grand-prieur bailli cardinal Francesco-Ricci-Paracciani.

2° Le prieuré lombard-vénitien :

GRAND-PRIEUR BAILLI

GRAND-PRIEUR & BAILLI

Le vénérable grand-prieur bailli Fr. Guido Sommi Picenardi.

3° Le prieuré des Deux-Siciles :

Le vénérable grand-prieur bailli Fr. Luigi Capece Minutolo di San Valentino.

4° Le prieuré de Bohème-Autriche :

Le vénérable grand-prieur bailli Fr. Guido Thun-Hohenstein.

Tous les baillis ne sont pas à la tête d'un grand-prieuré. — Ceux qui se trouvent dans ce cas sont qualifiés vén. bailli Fr... N...

Les baillis *ad honorem* sont ceux dont la dignité est le fait d'une concession spéciale et non la conséquence de la charge qu'ils occupent.

UNIFORME.

Chapeau à cornes, en feutre noir, bordé d'un galon d'or, garni, tout autour, de plumes d'autruche blanches, cocarde en soie blanche et rouge, aux couleurs de l'Ordre, recouverte, aux deux tiers, par une ganse d'or à grosses torsades.

Tunique en drap écarlate, avec deux rangs de sept boutons dorés, à croix de Malte, en argent mat.

Collet, parements et revers en casimir blanc.

Pantalon de casimir blanc, à double bande d'or, séparée, au milieu, par un liséré de soie rouge.

Épaulettes à grosses torsades flottantes, or mat et perlé ; le corps en traits, uni, et, sur l'écusson, la croix de l'Ordre, en argent mat, appliquée.

Ceinturon de velours noir, bordé d'or, et chargé d'une broderie en or, figurant une succession, non interrompue, de couronnes d'épines; patte et porte-épée de même.

Épée à lame plate, en forme de glaive, à poignée dorée mate et ornée, au milieu, de la croix de l'Ordre en émail blanc; sur le pommeau, un écusson destiné à recevoir la gravure des armes du chevalier.

Fourreau en velours noir, à garnitures ciselées et dorées.

Éperons dorés.

Par-dessus la tunique, *les baillis* revêtent, en grand uniforme, un justaucorps en drap d'or, sorte de cuirasse couvrant toute la poitrine et dépassant le ceinturon de quatre doigts environ, bordée d'un liséré de velours noir.

La grande croix de profession, en toile blanche, est appliquée au milieu de ce surtout qui se ferme, sur le côté gauche, par quatre boutons cachés au moyen d'une sous-patte.

Dans les occasions où les baillis ne revêtent pas le justaucorps, ils portent le grand cordon noir, en sautoir, avec la croix de profession en toile blanche, fixée, à l'extrémité, sur le nœud du ruban. Quelquefois la croix de toile est remplacée par une croix en émail blanc, ce qui est plus pratique, mais moins régulier.

PRIEURÉ DE BOHÊME-AUTRICHE.

L'uniforme des baillis profès du prieuré de Bohême-Autriche est, à quelques détails près, semblable à celui qui vient d'être décrit.

Il en diffère seulement par certains caractères particuliers, — communs à toutes les catégories de chevaliers de ce puissant prieuré, — et qu'il est bon de signaler, une fois pour toutes, afin de n'avoir pas à y revenir, à propos de chaque grade.

Le chapeau porté, en Bohême et en Autriche, est de feutre noir, dur, à larges bords, assez semblable, quant à la forme, au chapeau des mousquetaires; il est orné, sur le côté gauche, de deux grandes plumes d'autruche, blanches.

L'épée est d'une forme un peu spéciale. Il y en a deux, une pour la tenue ordinaire (A), l'autre pour la tenue de Cour (B).

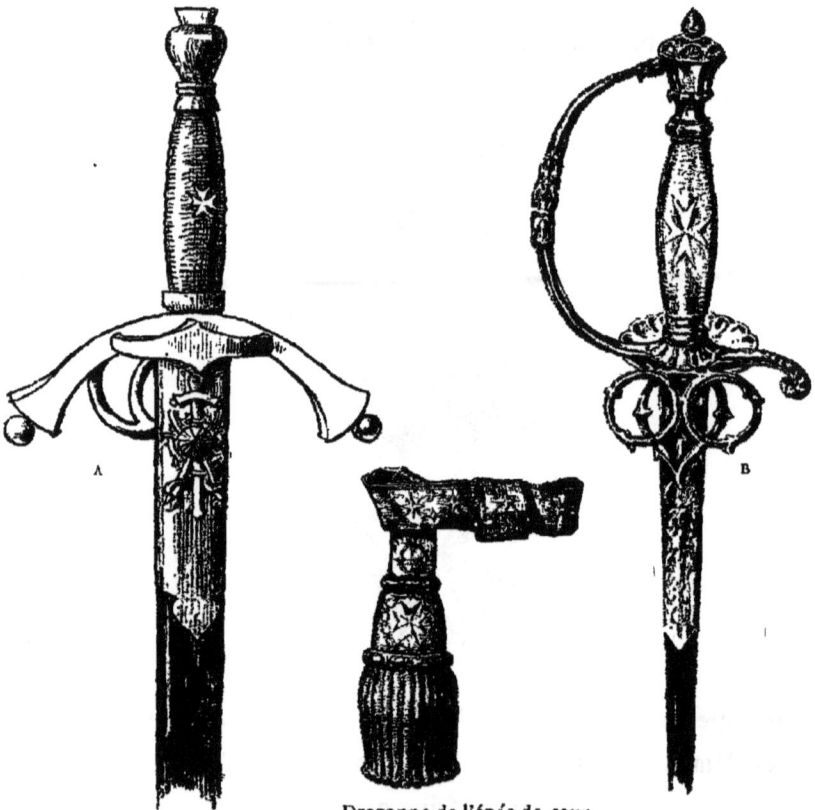

Dragonne de l'épée de cour.

Le collet, les parements et les revers de la tunique, aussi bien pour les chevaliers profès que pour les chevaliers de dévotion, sont de velours noir, ornés d'une broderie, en or, ayant la forme d'une double torsade surmontée d'une dentelure. (Page 82.)

Dans les autres prieurés ou associations, cette même broderie appartient, exclusivement, aux baillis d'honneur et de dévotion.

Par-dessus l'uniforme, les chevaliers profès jettent, sur leurs épaules, un ample manteau de drap noir, doublé de satin, avec la grande croix de profession, en toile, appliquée à gauche, qui est d'un très bel effet.

Ils portent la botte à l'écuyère, en cuir verni, montant au-dessus du genou, et des gants à larges revers.

Enfin, en Bohême-Autriche, la croix de l'Ordre a été modifiée, et, pour tous les grades, l'Aigle impériale, à deux têtes, remplace les fleurs de lis, entre les branches de la croix.

V

PROFÈS.

COMMANDEURS ET CHEVALIERS.

Les chevaliers profès sont ceux qui ont prononcé les vœux solennels, dans les termes fixés par les anciens statuts.

Ils prennent le titre de *commandeur,* quand ils deviennent titulaires d'une commanderie.

Mais, avant même qu'ils soient pourvus d'une commanderie, le titre de commandeur, *ad honorem,* peut leur être accordé, dans des cas exceptionnels et pour des raisons spéciales.

Les commanderies sont de différentes sortes :

Les *commanderies de justice* appartiennent à l'Ordre et ne peuvent être attribuées qu'à des chevaliers profès.

Les *commanderies de giuspadronato* sont fondées par des familles

COMMANDEUR

ET CHEVALIER PROFÈS

COMMANDEUR LE CHEVALIER PROLES

nobles et attribuées, par le grand-maître, aux membres de ces familles, dans l'ordre de succession réglé par l'acte de fondation.

Elles donnent droit à la croix d'honneur et de dévotion et au titre de commandeur de giuspadronato.

Elles font retour, en toute propriété, à l'Ordre, dès que les lignes successibles sont éteintes, et deviennent, dès lors, commanderies de justice.

UNIFORME.

Les commandeurs et les chevaliers profès portent le même uniforme que les baillis; — seulement, ils ont la plume noire au lieu de la plume blanche au chapeau, et leur justaucorps est en soie cramoisie, bordé d'un galon or et velours noir, avec la croix de Caravane en moire antique blanche, cousue sur la poitrine, au lieu de la croix à huit pointes.

La croix dite de *caravane* est une grande croix latine, sans aucun ornement, comme celle qui figure en tête de ce chapitre.

Lorsqu'ils ne revêtent pas le justaucorps, ils portent, outre la croix au cou, la croix de profession, en toile, appliquée sur le côté gauche de la tunique.

Les mêmes différences distinguent, dans le prieuré de Bohême-Autriche, l'uniforme des commandeurs et des chevaliers profès de celui des baillis.

VI

PROFÈS.

CHEVALIERS DE JUSTICE.

Les chevaliers de justice sont ceux qui se préparent à la *profession* par un noviciat de dix ans, durant lequel ils doivent renouveler, chaque année, les vœux simples tels qu'ils ont été prescrits par la Bulle de S. S. le pape Pie IX « *Militarem ordinem Equitum* », en date du 28 juillet 1854 (1).

Les aspirants au grade de chevalier de justice peuvent, seuls, être admis *de minorité,* mais ils doivent faire leurs preuves complètes au

(1) Cette Bulle a été publiée, *in extenso,* dans mon *Histoire des Chevaliers hospitaliers de Saint-Jean de Jérusalem.* Paris, Aubry, 1863.

CHEVALIER DE JUSTICE

CHEVALIER DE JUSTICE.

CHEVALIER DE JUSTICE

GRAND TENUE - EN POÈME AGRÉABLE

moment de leur admission et payer les droits de passage, doubles de ceux qui sont exigés des candidats de *majorité* (1).

L'examen des dossiers et des preuves des candidats au titre de chevalier de justice relève, exclusivement, du chapitre du grand-prieuré auquel appartient le candidat.

Pour les pays où il n'y a pas de prieuré, c'est le Conseil du grand Magistère qui tient lieu de chapitre.

Une fois admis, les chevaliers de justice peuvent commencer leur noviciat quand bon leur semble. Il ne leur est fixé, pour cela, aucun terme.

Ceux qui ont commencé leur noviciat sont appelés chevaliers de justice « *a voti simplici* » et portent un uniforme différent de celui des autres.

UNIFORME.

L'uniforme des chevaliers de justice *à vœux simples* et des chevaliers de justice qui n'ont encore prononcé aucun vœu, est le même que celui des chevaliers profès, avec cette seule différence que les premiers portent un justaucorps, en damas de soie noir, et, à défaut du justaucorps, la croix de profession sur la tunique, en outre de la croix au cou, tandis que les seconds n'ont droit ni au justaucorps, ni à la croix de profession, mais seulement à la croix au cou.

Dans le prieuré de Bohême-Autriche, les mêmes différences distinguent les uns des autres. De plus, le chapeau des chevaliers de justice

---

(1) On peut être admis de minorité dès l'âge de six ans.
Le grand-maître avait droit de nommer, pour son service personnel, huit pages. de telle nation qu'il lui plaisait, mais à la condition qu'ils eussent au moins douze ans et se rendissent au couvent. — S. A. le grand-maître actuel n'a pas cru, jusqu'à présent, devoir faire usage de cette prérogative.

est orné d'une plume noire sur une plume blanche, tandis que celui des baillis et des commandeurs est orné de deux plumes blanches et celui des chevaliers de dévotion de deux plumes noires.

Lorsqu'ils n'ont pas l'occasion de porter la croix en sautoir ou au cou, tous les chevaliers profès et les chevaliers de justice à vœux simples portent, à la boutonnière de l'habit, une rosette noire au centre de laquelle est fixée une petite croix de profession en émail blanc.

Les chevaliers de justice qui n'ont pas encore prononcé de vœux portent une rosette semblable, mais dans laquelle la croix fleurdelisée, — sans couronne, — remplace la croix de profession.

PROFÈS

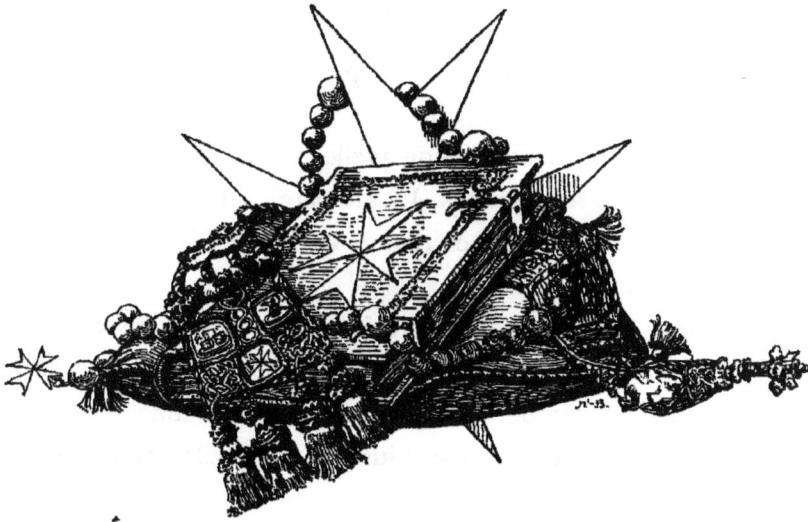

VII

PROFÈS

Dans les cérémonies religieuses de l'Ordre, les chevaliers profès portent une longue robe noire qui, à l'origine, était de bure, comme tous les vêtements monastiques, et qui, aujourd'hui, est en soie. — C'est l'ancien « mantò di punta », qui remonte au temps du grand-maître Raymond du Puy.

Les manches largement ouvertes tombent jusqu'au bas de la robe, et du col rabattu part une pèlerine ronde qui couvre la moitié des bras. — La grande croix de profession, en toile blanche, est appliquée sur le côté gauche de la pèlerine.

Ce costume, un peu sévère, rappelle celui des magistrats, mais il est relevé par un ornement du plus grand caractère : le *manipule*, chef-d'œuvre de passementerie, qui s'attache sur l'épaule gauche et traînerait à terre, s'il n'était relevé et passé sur l'avant-bras, comme l'indique la planche précédente (p. 56).

Je ne saurais dire exactement de quelle époque datent les manipules que j'ai vus et qui sont anciens. Ils me paraissent appartenir au dix-septième siècle et ne diffèrent en rien de ceux dont l'édition des statuts de 1558 a donné un dessin.

La tradition veut qu'ils aient été fabriqués par les religieuses de l'Ordre, à Malte.

Le manipule a, environ, un mètre cinquante de long. Très étroit, pour commencer, il va s'élargissant jusqu'à quadrupler, au moins, dans le bas, sa largeur initiale.

En passementeries de haut relief, en broderies de couleur, sur soie, mélangées d'ornements ajourés d'une variété et d'une fantaisie char-mantes, il rappelle les différentes phases de la Passion de Notre-Seigneur.

La Croix, portant l'inscription INRI, au-dessus de la couronne d'épines, et flanquée, à gauche, de la lance, à droite, d'un jonc terminé par l'éponge, forme le sommet.

Plus bas, au milieu d'entrelacs de soie noire et de fils d'argent, se lit le cri de douleur du Christ expirant : SITIO, puis, au-dessous, un petit tableau de satin blanc, brodé en couleur, au passé, représente Notre-Seigneur au moment où il reçoit le baiser de Judas.

Un autre petit tableau, brodé dans les mêmes conditions, et repré-sentant l'*Ecce Homo*, est séparé de celui-ci par un beau motif de passementerie d'un goût très pur.

Immédiatement après, des enroulements ingénieux, en ganse de soie blanche, portent une palme verte brodée et découpée qui domine un troisième tableau semblable, comme travail, aux précédents et figurant le Coq de la Passion.

Suit un admirable morceau de passementerie où se dessine, avec une précision architecturale, la colonne accostée de deux longues verges.

Le quatrième tableau qui vient ensuite nous montre la Sainte Robe, et le cinquième la bourse de Judas ; ils sont séparés par des arabesques de soie blanche sur lesquelles se détache, en relief, un cimeterre, à poignée d'or et à lame d'argent.

Quatre fuseaux chevronnés, en soie blanche et noire, continuent la composition et portent, en travers, une banderole sur laquelle on lit : « *Consummatum est !* »

A leur extrémité sont suspendus trois derniers petits tableaux brodés, disposés deux et un, sur des enlacements de cordonnet de soie blanche ; ils représentent, le premier les dés, le second une aiguière dans son plateau, et le troisième la croix de l'Ordre.

Le tout est terminé par quatre glands allongés, d'une élégance et d'une exécution parfaites.

Les chevaliers profès reçoivent le « *manto di punta* » avec le manipule, en forme solennelle, immédiatement après avoir prononcé leurs vœux.

Timbre sec de S. A. le prince grand-maître.

VIII

PROFÈS

CHAPELAINS CONVENTUELS, CHAPELAINS D'OBÉDIENCE ET
CHAPELAINS D'OBÉDIENCE MAGISTRALE.

Les chapelains *profès* sont tenus de prononcer des vœux solennels, conformément à la bulle pontificale « *Militarem ordinem equitum* ».

Quel que soit leur titre, ils doivent fournir les preuves de *bonne naissance* prescrite par les statuts.

Parmi les chapelains profès, il y a les chapelains conventuels qui sont affectés au service des églises de l'Ordre et jouissent de commanderies fondées exprès pour la catégorie à laquelle ils appartiennent, et les cha-

CHAPELAIN CONVENTUEL

pelains d'obédience qui sont des prêtres nommés pour desservir les églises de commanderies.

Les chapelains d'obédience magistrale n'ont aucune fonction déterminée; leur réception a lieu, ordinairement, en vertu de dispenses apostoliques.

COSTUME ET INSIGNES PRESCRITS POUR LES CHAPELAINS CONVENTUELS.

Costume. — Soutane noire ourlée de rouge. Surplis blanc garni de lentelle. Mozette de soie violette.

Insigne. — Croix portée au cou, sans trophée et avec nœud au-dessus de la couronne.

Ce n'est qu'après avoir prononcé les vœux solennels, conformément au bref « *Ordinem militarem equitum* », qu'ils ont la faculté de porter le

6

signe de la profession, c'est-à-dire la croix de toile blanche, à huit pointes, de grandeur moyenne, sur le côté gauche de la poitrine.

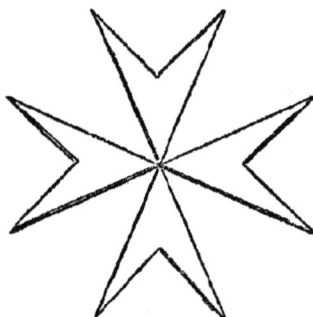

COSTUME ET INSIGNES PRESCRITS POUR LES CHAPELAINS

D'OBÉDIENCE MAGISTRALE.

Costume. — Soutane noire ourlée de rouge, avec boutons rouges Surplis blanc garni de dentelle.

Mozette de soie noire.

Insigné. — Petite croix d'or sans nœud, attachée par un ruban no. sur le côté gauche de la poitrine

CHAPELAIN D'OBÉDIENCE MAGISTRALE

S'ils sont indissolublement liés à l'Ordre par des vœux solennels, ils ont la faculté de porter le signe de la profession, c'est-à-dire la croix de toile, de même que les chapelains conventuels.

DÉCRET DU CONSEIL DU 28 FÉVRIER 1889.
NUMÉRO 5859.

SCEAU DU GRAND-MAGISTÈRE DONT SE SERT S. A. ÉM. LE PRINCE GRAND-MAITRE
POUR LES LETTRES OFFICIELLES — (CIRE NOIRE).

« A l'effet d'éclaircir certains doutes qui se sont élevés au sujet des insignes appartenant à quelques catégories de membres de l'Ordre, le Conseil décide, pour l'observation exacte, ce qui suit :

Chapelains conventuels. — La croix que, conformément au décret du Conseil du 20 mars 1878, n° 3644, les chapelains conventuels sont autorisés à porter au cou, sans trophée et avec le nœud, seulement, au-dessus de la couronne, sera de 45 millimètres, sans compter la couronne, qui devra être proportionnée à la croix.

En petite tenue, ils peuvent porter une croix de 10 millimètres (sans compter la couronne), suspendue par un ruban noir, à la boutonnière de la soutane.

Chapelains d'obédience magistrale. — La croix des chapelains d'obédience magistrale n'a pas le nœud d'or; elle mesure 39 millimètres, indépendamment de la couronne qui doit être de grandeur proportionnée, et se porte, attachée à un ruban noir, sur le côté gauche de la poitrine.

En petite tenue, les chapelains d'obédience magistrale peuvent porter, à la boutonnière de la soutane, une croix de 10 millimètres, sans compter la couronne.

Chapelains d'obédience. — Aux termes du décret du Conseil du 20 mars 1878, n° 3644, les chapelains d'obédience ne peuvent porter la croix de toile blanche à huit pointes qu'après avoir prononcé les vœux solennels.

DONAT DE JUSTICE
AVEC LES MODIFICATIONS PROPOSÉES POUR L'UNIFORME
ET DONAT DE PREMIÈRE CLASSE

DONAT DE JUSTICE

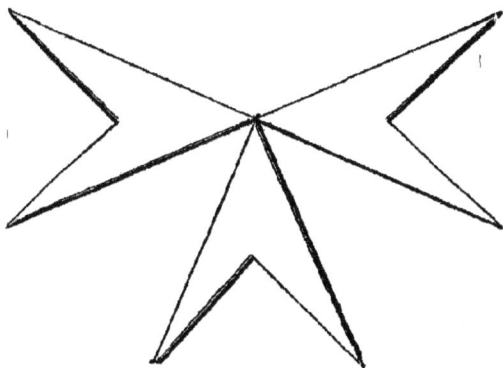

IX

PROFÈS

Les *donats* qu'on appelait autrefois *servants d'armes, confrères, demi-croix...* devaient, dans le principe, « descendre de parents hono-« rables et gens de bien, être fils de savants, de médecins, de grands « banquiers, de commerçants *remarquables*, etc. ». Plus tard, seule-ment, on exigea qu'ils soient d'origine noble (1).

Ils prêtent, entre les mains du grand-maître ou de son délégué à cet effet, un serment d'obéissance.

UNIFORME.

Les donats de justice portent le chapeau galonné de soie noire et sans plumes.

La tunique avec collet, parements et revers en velours vert.

(1) Voir plus haut, page 13.

Le pantalon de casimir blanc à bande d'or de 3 centimètres de largeur.

La ceinture, en velours vert, fermée par une plaque dorée portant, au centre, la croix à huit pointes en argent.

L'épée dans un fourreau de cuir noir.

Pas d'éperons.

La demi-croix avec couronne, surmontée d'un nœud d'or au lieu du trophée, suspendue au cou (1), et, sur le côté gauche de la poitrine, la demi-croix de toile à six pointes.

Conformément au décret du Conseil du 20 mars 1878, la demi-croix portée au cou par les donats de justice doit avoir 45 millimètres, non compris la couronne.

Lorsqu'ils n'en feront pas usage, ils pourront porter, à la boutonnière, une petite demi-croix de 10 millimètres avec couronne proportionnée.

✻

Il y a tout lieu d'espérer que l'uniforme des donats ne tardera pas à être modifié.

On renoncerait au velours vert qui, sur la tunique rouge, produit un effet par trop désagréable à l'œil.

Le col et les manches seraient garnis de pattes en velours noir, et le ceinturon actuel remplacé par un ceinturon en cuir verni.

Des tresses d'or, ornementées, sur le plat, d'une croix de Malte en argent, garniraient l'épaule.

Cette modification, très désirée, me paraît avoir tant de chances d'être

(1) Voir page 104.

adoptée, que je n'hésite pas à donner le dessin de la tenue projetée, en regard de la tenue actuelle.

*

Puisque j'en suis à formuler un vœu concernant l'uniforme, je me permettrai d'en émettre un autre plus général.

Le pantalon noir, à double bande, ne pourrait-il pas remplacer le pantalon blanc dans toutes les circonstances où les chevaliers sont appelés à mettre leur uniforme le jour?

Le pantalon blanc resterait d'ordonnance pour la tenue de soirée. Très élégant dans une réception de gala, à l'éclat des lumières, il me paraît aussi peu seyant et aussi peu pratique que possible en plein jour.

X

NON-PROFÈS

BAILLIS D'HONNEUR ET DE DÉVOTION

De toutes les dignités auxquelles peuvent aspirer les membres de l'Ordre qui ne prononcent aucun vœu et ne contractent aucun engagement, la dignité de bailli d'honneur et de dévotion est la plus élevée.

Elle est réservée aux souverains, aux princes du sang, aux présidents des associations de l'Ordre, et à quelques personnages de haute marque.

Les baillis d'honneur et de dévotion sont *grands-croix*.

BAILLI GRAND-CROIX D'HONNEUR ET DE DÉVOTION

AYANT LE DROIT DE PORTER LA CROIX DE PROFESSION

BAILLI GRAND-CROIX D'HONNEUR ET DE DÉVOTION

GRAND PRIEURÉ DE BOHÊME-AUTRICHE

UNIFORME

Les baillis d'honneur et de dévotion portent, comme les baillis profès, le chapeau à plumes blanches, mais ils n'ont pas de justaucorps, et le collet, les parements et les revers de leur tunique, au lieu d'être en casimir blanc, sont en velours noir, brodés en or d'une double torsade avec dentelure, semblable à celle des chevaliers de Bohême-Autriche, dont le modèle figure au bas de cette page.

Ils portent la croix suspendue à l'extrémité d'un grand cordon de moire noire, passé de droite à gauche, en sautoir, et quand ils ne font pas usage du grand cordon, ils sont autorisés à porter la croix au cou, sur une sorte de gorgerin de moire noire, large de six centimètres et brodé d'une double couronne d'épines en or, ainsi que l'indique le dessin placé en tête de ce chapitre.

Les baillis grands-croix, qui appartiennent à des maisons souveraines, ont, seuls, le droit de porter, en plaque, sur le côté gauche de la poitrine, une croix émaillée blanc, à huit pointes, de la même dimension et de la même forme que la croix de profession.

A part le chapeau, l'uniforme des grands-croix d'honneur et de dévotion du prieuré de Bohême-Autriche ne diffère pas de celui-ci.

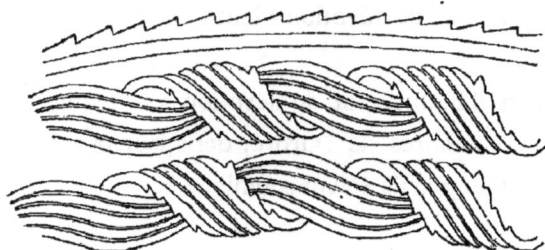

XI

NON-PROFÈS

CHEVALIERS D'HONNEUR ET DE DÉVOTION

Dans la hiérarchie des membres non-profès de l'Ordre, la dignité de chevalier d'honneur et de dévotion vient immédiatement après celle de bailli grand-croix.

Les chevaliers d'honneur et de dévotion sont tenus de prendre part aux œuvres humanitaires de l'Ordre, dans leur propre pays; c'est le seul engagement auquel ils soient soumis.

CHEVALIER D'HONNEUR ET DE DÉVOTION

CHEVALIER D'HONNEUR ET DE DÉVOTION

CHEVALIER D'HONNEUR ET DE DÉVOTION

UNIFORME

Leur croix est la même que celle des chevaliers profès; comme eux, ils la portent au cou, surmontée du trophée, mais ils n'ont pas droit à la croix de profession, et leur uniforme est un peu différent de celui des chevaliers de justice.

Le chapeau est bordé d'un galon de soie noire et garni de plumes d'autruche, noires.

Le collet, les parements et les revers de la tunique sont en velours noir, mais sans broderies.

Seuls, les chevaliers d'honneur et de dévotion du prieuré de Bohême-Autriche portent les broderies, ainsi que nous l'avons dit plus haut.

A part cela, et à part la forme du chapeau orné de deux grandes plumes noires, il n'y a aucune différence entre l'uniforme du prieuré de Bohême-Autriche, pour les chevaliers d'honneur et de dévotion, et celui des autres prieurés.

Quand les chevaliers de dévotion ne portent pas la croix au cou, ils peuvent porter, à la boutonnière, une rosette noire, renfermant la croix fleurdelisée, avec la couronne.

XII

NON-PROFÈS

Le grand-maître Fr. Hugues de Revel (1259-1278) avait permis aux prieurs et au châtelain d'Emposte de recevoir, à la profession de l'Ordre, des femmes d'*honneste vie*, nées de légitime mariage et de parents nobles.

A cette autorisation, le grand-maître Fr. Claude de la Seugle avait ajouté la condition suivante :

« Pourvue, néanmoins, qu'elles fassent leurs demeures dans des monastères. »

Depuis la perte de Malte, il n'y a plus de sœurs de l'Ordre. Les seules dames qui figurent, de nos jours, dans les listes, sont décorées de la grand'croix ou de la croix d'honneur et de dévotion.

Les dames grands-croix sont en petit nombre : neuf ou dix environ, dont l'impératrice d'Autriche-Hongrie ; la reine régente d'Espagne ; la reine Maria-Pia de Portugal ; l'impératrice Eugénie et l'impératrice du Mexique ; l'archiduchesse Marie-Caroline ; l'archiduchesse Alice, grande-duchesse de Toscane ; l'archiduchesse Marie-Thérèse, princesse de Bragance ; l'archiduchesse Stéphanie, princesse de Belgique.

Les dames décorées de la croix d'honneur et de dévotion ne sont pas, relativement, beaucoup plus nombreuses.

On en compte, environ, une centaine, dont près du quart pour le prieuré de Bohême-Autriche.

Il ne faut pas s'en étonner, la porte de l'Ordre n'est guère qu'entre-bâillée pour les femmes, et leur admission est entourée de nombreuses difficultés.

La croix ne se donne qu'à des femmes mariées, de la plus haute extraction, et à la condition que leur mari soit chevalier dans l'Ordre.

Contrairement à la règle établie pour les hommes, on n'admet pas que les femmes puissent solliciter, directement, leur admission. C'est le chef de l'Ordre, qui, de son plein gré, en Conseil réuni, sur la proposition des grands-prieurs ou des présidents des associations, ou bien encore de quelque très haut personnage, décerne cette marque honorifique, pour des motifs tout à fait spéciaux et des services exceptionnels rendus, à l'Ordre, par l'aspirante ou par son mari.

Les dames sont exemptées des droits de passage, puisqu'il s'agit toujours d'une faveur accordée par le grand-maître, mais le conseil a établi, en principe, que toute aspirante qui voudrait se créer des titres à cette faveur, devrait faire, *au profit des associations charitables de l'Ordre* ou *de ses œuvres humanitaires*, une donation qui ne saurait être inférieure à *cinq mille* francs.

Les dames décorées de la grand'croix portent le grand-cordon en sautoir, de droite à gauche, et les dames décorées de la croix de dévotion la portent au corsage. — Pour les dames, la croix est surmontée d'un nœud en or.

CHEVALIER DE GRACE MAGISTRALE

CHEVALIER DE GRACE MAGISTRALE

XIII

NON-PROFÈS

Les chevaliers de grâce magistrale sont ceux, nous l'avons déjà dit plus haut, qui, quoique nobles, n'auraient pas pu faire leurs preuves *au complet*, sans une dispense du grand-maître.

Ils constituent une exception à la règle et sont toujours en petit nombre.

Dans certains cas extrêmement rares, le grand-maître peut aussi décerner, *motu proprio*, la croix de grâce magistrale à un personnage de grand mérite, ne fût-il pas de noblesse, qui aurait rendu à l'Ordre d'éminents services.

C'est ainsi que l'illustre avocat Berryer et l'académicien Michaud, auteur de l'*Histoire des Croisades,* furent faits chevaliers de grâce magistrale.

UNIFORME

Cette catégorie de chevaliers porte une croix avec couronne, surmontée d'un nœud en or au lieu d'un trophée, et un uniforme un peu différent de celui des chevaliers d'honneur et de dévotion.

Le chapeau est galonné de soie noire, sans plumes, et le ceinturon en velours noir uni, sans aucune broderie.

Quand ils ne portent pas la croix au cou, les chevaliers de grâce magistrale peuvent mettre, à la boutonnière, suspendue à un ruban noir, une petite croix de dix millimètres avec couronne proportionnée.

Aucune différence à signaler dans l'uniforme des chevaliers de grâce magistrale du prieuré de Bohême-Autriche, sauf celles que nous avons indiquées plus haut et que nous retrouvons dans tous les grades.

CHAPELAIN *AD HONOREM*

ECCLÉSIASTE QUI DÉCORÉ DE LA CROIX D'OR *pro pié merito*

XIV

NON-PROFÈS

Chapelains *ad honorem* et ecclésiastiques décorés de
la croix d'or « *pro piis meritis* »

Les chapelains *ad honorem* ne prêtent aucun serment et ne rem-
plissent aucune fonction; leur titre est purement honorifique.

La croix dite « *croce d'oro pro piis meritis* » est conférée, exceptionnellement, par le grand-maître, *motu proprio,* à un petit nombre
d'ecclésiastiques, pour services signalés rendus à l'Ordre.

La seule qui existe en France a été, récemment, donnée à M. l'abbé
Gonon, curé de la paroisse Saint-Jean de Malte à Aix, en récompense
du zèle pieux que ce vénérable ecclésiastique met à conserver, intacts,
dans sa belle église, tous les souvenirs de l'Ordre dont elle était
l'œuvre et dont elle resta la propriété jusqu'en 1792.

Au douzième siècle, les hospitaliers de Saint-Jean de Jérusalem avaient construit, avec leur couvent et leur hôpital, une chapelle dédiée à saint Jean, et qui fut remplacée, un siècle plus tard, par une église.

L'église définitive, commencée en 1234, grâce aux largesses du comte Raymond Bérenger, chevalier de Malte, fut achevée — quant à la nef du moins — en 1264; c'est en 1376 seulement que le clocher fut terminé.

D'un style ogival, très pur et très sobre, avec un caractère un peu militaire, l'église Saint-Jean de Malte est dans un très bon état de conservation et offre le plus grand intérêt, tant au point de vue architectural qu'au point de vue historique.

Les traces nombreuses qu'y a laissées l'Ordre ont toujours été, de la part du public, comme du clergé, l'objet d'une vénération particulièrement touchante qui prouve combien vivaces étaient ses racines dans le pays de Provence.

En avant du maître-autel, à l'endroit où se trouvait le caveau des commandeurs et des prieurs, on a réuni les restes de nombreux chevaliers enterrés dans l'église, depuis 1681.

La foudre ayant renversé, en 1754, la croix latine qui dominait le clocher, on la remplaça par la grande croix de Malte qu'on y voit aujourd'hui.

Partout, aux clefs des voûtes, sur les murs, sur les boiseries, des croix de l'Ordre, des épitaphes, des blasons de chevaliers, soigneusement entretenus, attestent l'origine du monument.

L'importante verrière absidale, posée en 1859, représente le comte Raymond Bérenger, chevalier de Malte, offrant à Dieu l'église de Saint-Jean dont il tient, dans la main gauche, une petite maquette, tandis qu'au-dessous de lui, Gérard des Martigues, Bérenger-Monachi, Hélion de Villeneuve, en costume de chevaliers de Malte, la croix de l'Ordre sur la poitrine, se consacrent à Dieu, pour sa gloire, pour le soulagement des pauvres et pour la défense de la foi contre les infidèles.

INSIGNES

Les chapelains d'Obédience magistrale « *ad honorem* » portent les mêmes insignes que les chapelains d'Obédience magistrale effectifs, à l'exception de la croix en toile blanche réservée à ceux qui ont fait profession.

Les ecclésiastiques décorés de la croix d'or « *pro piis meritis* » portent une croix d'or de vingt-sept millimètres, surmontée seulement de la couronne, et suspendue à un ruban de moire noire, sur le côté gauche de la poitrine. — Ils peuvent porter aussi la petite croix de dix millimètres.

XV

NON-PROFÈS.

DONATS DE PREMIÈRE CLASSE.

Comme les donats de justice, les donats de première classe doivent appartenir à des familles distinguées, mais ils ne prennent aucun engagement autre que celui de s'associer aux œuvres humanitaires de l'Ordre.

C'est là, en réalité, la seule différence qu'il y ait entre eux.

A l'appui de leur demande, les candidats au grade de donat de première classe doivent fournir, outre leur acte de naissance, les actes de naissance et les actes de mariage de leur père, de leur mère et de leurs deux grands-pères.

DONAT DE PREMIÈRE CLASSE

DONNÉ DE PREMIÈRE CLASSE

UNIFORME.

Les donats de dévotion ont exactement le même uniforme que celui des donats de justice, et nous faisons des vœux pour qu'il soit aussi bientôt modifié.

Ils ne portent pas, comme les donats de justice, la demi-croix en toile sur la poitrine, mais comme eux, ils peuvent être autorisés à porter, au cou, la demi-croix de quarante-cinq millimètres avec la couronne et le nœud d'or.

Les donats de dévotion qui n'obtiennent pas cette concession du grand-maître portent seulement, à la boutonnière, une demi-croix de trente-neuf millimètres, avec couronne et sans nœud.

Quand ils n'ont pas l'occasion de mettre la croix au cou, ils peuvent attacher à la boutonnière de leur habit, par un ruban noir, une petite demi-croix de dix millimètres avec couronne proportionnée.

Même uniforme pour les donats de première classe du prieuré de Bohême-Autriche, dont le chapeau seul diffère.

XVI

NON-PROFÈS

DONATS DE SECONDE CLASSE.

Les donats de seconde classe correspondent, à peu près, aux *servants d'office* dont parlent les anciens statuts.

Ils n'appartiennent pas à la noblesse, et on n'exige d'eux que la preuve de leur considération personnelle et de l'honorabilité de leur famille.

Ce sont des hommes de bien, affiliés à l'Ordre, en récompense des services qu'ils lui ont rendus et du dévouement qu'ils lui témoignent.

UNIFORME.

L'uniforme des donats de seconde classe ne diffère pas de celui des donats de première classe.

Seulement, ils ne peuvent être autorisés, comme les donats de

DONAT DE DEUXIÈME CLASSE

première classe, à porter la demi-croix au cou. — Ils portent sur le côté gauche de la poitrine une demi-croix de trente-neuf millimètres, avec couronne proportionnée, suspendue à un ruban noir, ou une petite croix de dix millimètres à la boutonnière de l'habit.

A part le chapeau, cet uniforme est le même pour les donats de seconde classe du prieuré de Bohême-Autriche.

Sceau du grand-magistère.

DILECTO FILIO

FRATRI IOANNI BAPTISTAE CESCHI A SANCTA CRUCE

MAGNO ORDINIS S. IOANNIS HIEROSOLYMITANI MAGISTRO

LEO PP. XIII.

Dilecte Fili, salutem et Apostolicam benedictionem. Inclytum antiquitate originis, fratrum militum nobilitate ac virtute, gloriosis e religione et fide catholica gestis, partisque ex hoste christiani nominis victoriis hospitalem ordinem S. Ioannis Hierosolymitani nullo unquam tempore Romani Pontifices singulari studio ac benevolentia prosequi destiterunt. Hic enim ordo Beati Petri Cathedræ semper devotus primordiis suæ institutionis fidelibus peregre hospita JESU CHRISTI loca, sanctissimumque Eius sepulcrum adeuntibus, suæque pietatis vota inibi solventibus hospitium curasque omnes præstare, eosque ab infidelium fraudibus et insidiis defendere sibi gloriæ duxit. Deinceps plurimorum fratrum numero et donationibus auctus idem ordo sibi proposuit religionem fidemque catholicam omni ope asserere, et omne quod infideles eidem machinarentur periculum vitæ suæ discrimine depellere, barbarisque in christiani nominis cladem et perniciem irruentibus iter suorum quoque fratrum corporibus occludere. Quapropter summi Pontifices huic militari ordini Ecclesiæ præsidio privilegia et honores præcipuos decrevere, quos inter fel : rec : Urbanus VIII. in Consistorio secreto die X. Iunii anno MDCXXX. habito Eminentiæ et Eminentissimorum titulo Patres Cardinales augens eodem titulo honorificentissimo donare etiam voluit Magnos ordinis Hierosolymarii Magistros. Adversis autem dificillimisque temporibus eidem ordini ob insignia in rem catholicam merita omnibus occurrerunt subsidiis, suaque auctoritate fecerunt, ut ille asperrimis bellis rerumque omnium perturbatione pene eversus suum decus suamque dignitatem retineret. Labentibus inde annis res istius ordinis licet in melius conversæ viderentur, tamen sa : me : Pius VII. post obitum Magni Magistri Ioannis Baptistæ Tommasi satius pro tempore indicavit supremi Magistri electionem differre, et Innico Mariæ Guevara Suardo, qui vices Magni Magistri gerebat, locumtenentis magisterii nomen, et peculiares regendo ordini reique communi administrandæ largitus est facultates ac postea ceteri omnes ad eiusdem ordinis regimen vocati, quamvis ex Apostolicæ Sedis indulgentia paribus supremi Capitis oneri et officio facultatibus instructi nonnisi locumtenentis magisterii nomen et dignitatem habuerunt. Iamvero quum Deo auxiliante fratrum equitum zelo, iisque præsertim, quibus summa rerum ordinis demandata erat, studiisque potentium Europæ Principum ita res ordinis solide firmatæ ac feliciter auctæ essent, ut liceret maiora etiam in dies lætioraque de ipso sperare, Nos supplicationibus cla : me : Antonini S. R. E. Cardinalis de Luca Episcopi Prænestini tunc temporis Hierosolymarii ordinis Protectoris annuentes per Apostolicas litteras Nostras die XXVIII. Martii anno MDCCCLXXIX. servatis servandis prout in iisdem litteris cautum est, Magni Magistri nomen et honorem restituimus, teque, dilecte fili, optime de Hierosolymario ordine meritum, ex completi, uti dicunt, Consilii voluntate, legitimisque suffragiis locumtenentis magisterii munere naviter sciteque fungentem libenti alacrique animo amplissimo ac honorificentissimo Magni Magistri titulo exornandum censuimus. Modo Venerabilis Frater Noster Raphael S. R. E. Cardinalis Monaco La Valletta Episcopus Albanensis hospitalis ordinis S. Ioannis Hierosolymitani Protector nos rogavit, ut restituto a Nobis Magno eiusdem Ordinis Magistro, eidem titulum etiam ab Urbano VIII., uti supra dictum est, concessum constanterque a Magnis Magistris usque ad dilationem electionis a Pio VII. præscriptam adhibitum confirmare et decernere velimus. Nos igitur ut Nostra erga illustrem hunc ordinem tot nominibus de religione catholica meritum voluntas vel magis perspecta sit, utque novo hoc Pontificiæ dilectionis testimonio idem prænobilis ordo Bmi. Petri Cathedræ semper devotus arctiori vinculo Summo Pontifici Romano et Apostolicæ Sedi devinciatur, Eminentiæ ac Eminentissimi iam ab Urbano VIII. concessum titulum, tibi, dilecte fili, a quo accepimus egregia amoris, observantiæ et obsequii argumenta, tuisque in Magni Magistri ordinis S. Ioannis Hierosolymitani munere successoribus rite ac legitime electis et Summi Pontificis Romani auctoritate confirmatis motu proprio, certa scientia et matura deliberatione Nostra in perpetuum confirmamus, decernimus, una cum honoribus quibus S. R. E. Cardinales in Aula Pontificia honestantur, iam alias tibi concessis.

Proinde volumus et præcipimus, ut deinceps tu ac prædicti successores tui Magni Magistri rite legitimeque electi et Apostolica auctoritate confirmati tum in actis ordinis internis, tum externis Eminentiæ ac Eminentissimorum titulo uti et appellari omnino debeatis. Decernimus propterea has litteras Nostras firmas, validas et efficaces existere ac fore, suosque plenarios et integros effectus sortiri et obtinere, non obstantibus Constitutionibus et Ordinationibus Apostolicis, nec non dicti hospitalis ordinis Hierosolymitani statutis et Capitularibus ordinationibus etiam iuramento, confirmatione Apostoiica vel quavis firmitate alia roboratis, ceterisque omnibus licet speciali mentione ac derogatione dignis in contrarium facientibus quibuscumque. Interim adprecantes Deum, ut te, dilecte fili, et universum cui præes ordinem in sui gloriam et Ecclesiæ præsidium fortunet, tibique et universo ordini Hierosolymitano Apostolicam benedictionem peramenter impertimus. Datum Romæ apud S. Petrum sub Annulo Piscatoris die XII. Iunii MDCCCLXXXVIII. Pontificatus Nostri Anno Undecimo.

M. Card. LEDOCHOWSKI.

(L. ✳ S.)

TABLE DES CHAPITRES

TABLE DES GRAVURES

INSIGNES

UNIFORMES

Profès :

Non-profès :

MÉDAILLES. — SCEAUX. — CACHETS

TABLEAUX GÉNÉALOGIQUES

PARIS. — TYPOGRAPHIE DE E. PLON, NOURRIT ET Cⁱᵉ, RUE GARANCIÈRE, 8.

ERRATUM

Ce volume ayant, avant tout, la prétention d'être exact, je ne veux pas le laisser paraître sans rectifier quelques erreurs qui me sont signalées, et qui ne peuvent être que le fait d'une inexplicable étourderie.

Le manteau indiqué, à la page 53, comme étant de drap, est en velours. De plus, ce manteau n'est pas exclusivement réservé aux chevaliers profès. et aux chevaliers de justice à vœux simples du Grand Prieuré de Bohême; il est porté par *tous* les chevaliers profès et les chevaliers de justice à vœux simples, quelle que soit la langue à laquelle ils appartiennent.

Quant aux chevaliers de justice à vœux simples *(à voti simplici),* c'est à tort que je les ai indiqués, page 93, comme pouvant porter la *Croix de Profession.* La vérité doit être ainsi rétablie :

« L'uniforme des chevaliers de justice à vœux simples et des chevaliers de justice n'ayant encore prononcé aucun vœu est le même que celui des chevaliers profès, avec cette différence que les premiers portent un justaucorps en damas de soie noire, et que les seconds n'y ont pas droit. Les uns et les autres portent la croix au cou. Ceux-là, seuls, qui sont liés à l'Ordre par les vœux solennels, ont le droit de porter la *Croix de Profession.* »

Début d'une série de documents
en couleur

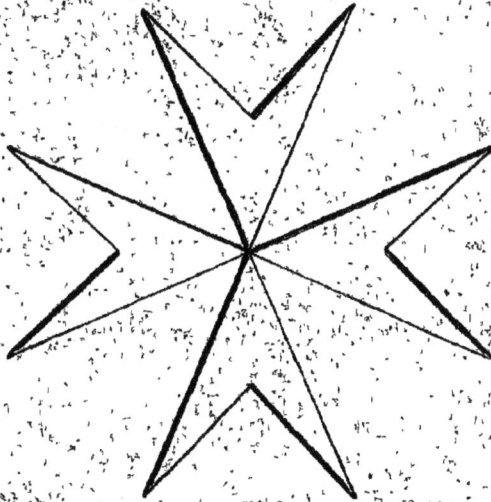

PARIS. — TYPOGRAPHIE DE E. PLON, NOURRIT ET Cⁱᵉ, RUE GARANCIÈRE, 8.

Fin d'une série de documents
en couleur

www.ingramcontent.com/pod-product-compliance
Lightning Source LLC
Chambersburg PA
CBHW051723090426
42738CB00010B/2057